어쩌라구

―

윤재웅

어쩌라구

1판 1쇄 2021년 10월 18일 발행
1판 2쇄 2023년 1월 10일 발행

지은이   윤재웅
펴낸이   박기런
펴낸곳   도서출판 東岳

출판등록   제2021-000082호
주소   04620 서울시 중구 퇴계로36길 2 신관1층 105호
전화   02-2264-4714
팩스   02-2268-7851
홈페이지   http://dgpress.dongguk.edu
이메일   abook@jeongjincorp.com
디자인   design 멋깃
캘리그래피   김성태
삽화   이세옥
제작   한일문화사

ISBN 979-11-976096-9-5 (03810)
값 16,000원

어쩌라구

—

윤재웅 지음

어쩌겠습니까

1

소년시절부터 문학을 좋아했습니다. 고등학생 때 만해 한용운 스님 탄생 백주년 기념 제1회 만해백일장 대회(1979)에 나가 대상을 받기도 했습니다. 그 인연으로 동국대학교에 진학했고 좋은 선생님들을 만나 문학을 오래 배웠습니다. 모교 교수가 되어 문학을 가르치지만 창의적 감성은 더 자라지 못했던 듯싶습니다. 나이 육십이 되어 무슨 바람이 불어 시 쓰자는 마음이 드는지 모르겠습니다.

〈금강경〉에 '응무소주이생기심應無所住而生其心'이라 했는데 저는 '일부러 하려는 의도 없이 마음이 자연스럽게 드러나 행동으로 이어지게 하라'고 옮기고 싶습니다. 어구의 정확한 풀이보다 실존의 결행이 더 귀하고 아름답습니다. 시인 마음 내기는 쉽지만 시인 마음으로 살아가기는 쉽지 않습니다.

2018년, 대학에서 연구년을 받아 긴 여행을 떠났습니다. 코로나 이전이어서 유럽의 몇몇 도시를 자유롭게 돌아다니다 왔는데 언론사에 근무하는 후배 문인이 연재를 청해서 여행지의 인상적인 장면들을 다시 불러내는 경험을 했습니다.

그 글쓰기가 제게는 선물이었습니다. 가슴속의 수많은 책과 음악과 미술과 건축에 대한 느낌과 생각들이 솟아오르는 '샘물'이었습니다. 아득한 소년시절의 시가 다시 찾아왔습니다. 릴케가 말한, '추억이 다시 찾아와 시가 탄생하는 순간'이 제게도 왔던 모양입니다. 까마득히 잊었던 첫사랑의 손길이 가슴의 문을 두드리는 느낌을 저는 그대로 즐겼습니다.

여행기 〈유럽인문산책〉(2020)을 출간한 데 이어 자연스럽게 이번 시집을 엮게 되었습니다. 이런저런 인연과 실험적 형식이 뒤섞여 단정한 모습은 아닙니다. 육십 편 중 어느 하나 바짝 황홀한 게 없습니다. 학생들에게 시 가르치는 일은 제법 했는데 시를 직접 쓰는 건 아무래도 어려운 일입니다.

2.
'어쩌라구'는 시의 화두 같은 것입니다. 제 마음 가까이 있긴 하지만 상월선원 아홉 스님 동안거를 다룬 책 〈상월선원〉(2020)에서 다시 만났습니다. 2019년 11월 11일부터 2020년 2월 7일까지 스님들은 추운 겨울 3개월을 야외 비닐천막에서 지내며 하루 14시간 이상 정진을 했습니다. 하루 한 끼 공양, 3개월 간 옷 한 벌, 묵언수행, 마지막 1주일은 철야정진… 금생에 다시없을 치열한 수행이었습니다.

상월결사로 불리는 이 동안거는 전통적인 수행방식을 파괴적으로 깼습니다. 시끄러운 아파트 공사장 한복판에서, 외호대중들이 함께하는 가운데, 한국불교의 중흥을 이루어내자는 커다란 원력으로 모인 자리였습니다. 대중불교, 도심불교, 현실불교, 실천불교의 새로운 유형이 만들어졌습니다.

아홉 스님들은 정진 기간 중 때론 의사소통을 해야 하는데 묵언 규약을 지켜야 하니 화이트보드에 의견을 쓸 수밖에 없었지요. 그 메시지들 중에 빛나는 화두가 있습니다. 상월결사의 제안자인 자승 스님께서 정진 도반 스님들께 바나나를 많이 드셔야 한다면서 툭 던진 말씀인데 제 눈에 동지섣달 꽃 본 듯이 달려들었습니다. 어쩌라구. 생생성성生生惺惺 육박해 오는 시의 화두 같았습니다.

'어쩌라구'는 불교의 전통적 화두인 '이뭣고' 이상으로 사바세계의 난감한 문제를 충격적으로 들이밉니다. 생의 막다른 골목에 몰린 이들의 답답함과 안타까움, 생로병사의 고통에 대한 하소연으로 잘 어울리지요. 선방禪房의 수행자들만이 아니라 시민 누구나 마주칠 수 있는 일상의 어려움을 압축적으로 보여준다는 점에서 훨씬 현대적이고 보편적입니다.

상월결사가 파괴적으로 새로운 것처럼 '어쩌라구'는 한국 선불교의 천 년 전통을 깨고 이 땅에 새로 나타난 화두일지 모릅니다. 대중과 함께하는 불교언어의 새로운 꽃! 힘든 삶의 막다른 골목마다 오히려 피는 꽃!

'어쩌라구'는 풀어쓰면 많은 모양으로 나타납니다. 어쩌란 말이냐, 어떻게든 해야지, 그래서 뭘?··· 전라도 말 '거시기'처럼 다양한 용례와 맥락을 가지는데 선禪이나 시詩에서는 열쇠 말 기능을 합니다. 이 열쇠 말을 잘 가지고 놀면 저마다 자신의 잠긴 문도 열 수 있고 다른 사람의 답답한 문도 열어줄 수 있을지 모릅니다.

이것이 어찌 쉽겠습니까. 온몸으로 육박전 벌이듯 윤회하는 운명을 맞받아쳐야 할 테지요. '어쩌라구'는 그래서 운명에 맞서는 씩씩한 돌주먹이요, 한국어의 오래 묵은 카운터펀치입니다. 자기에게, 가까운 이웃에게, 고조곤히 속삭이는 사자후. 이것이 바로 '어쩌라구'입니다.

'어쩌라구'는 불교의 말 끊어지는 세계〔言語道斷〕와 언어로 성스러운 절간을 짓는〔詩〕 시의 세계를 이어줍니다. 언어는 진리의 세계〔道〕를 궁극적으로 전달할 수 없지만〔斷〕, 시詩는 언어〔言 · language〕로서 신성한 공간〔寺 · tample〕을 짓고자 합니다. 될 것도 같고 안 될 것도 같습니다.

'어쩌라구'는 그 사이에 있습니다. 높은 절벽 위에 걸친 흔들다리 처럼 위험천만하고 아슬아슬합니다. 우리는 왜 아슬아슬해야 합니 까. 스스로 답하면 누군가 다시 물을 테지요. 답答은 웃는 얼굴 모 습이요 문問은 무문관 닫힌 문틈으로 새롭게 질문하는 모습입니다. 인생은 결국 무엇입니까. 간절함이 시 쓰는 마음이나 도道 구하는 마음의 출발점 아니겠습니까.

어쩌겠습니까. 어쩔 수 없이, 이걸 좀 받았습니다.

어쩌라구.

2021년 가을
윤 재 웅

차례

어쩌라구

한세상

벚꽃 그늘에 서성이고 싶었어.
그늘의 화안한 문 슬며시 열고
그녀와 함께 들어가고 싶었어.

그늘이 흔들리니까 멀미가 났어.
우리 아예 나무속으로 들어갈까?
그녀는 바람처럼 소곤거렸어.

나무속 달콤한 꽃잠을 잤어.
잠깐 든 정인 줄 알았는데
일어나보니 몸이 사라졌어.

그녀는 햇빛 되어 반짝거리고
나는 물이 되어 오래 울었어.
한세상 그런 거야, 어쩌라구.

모르는 척

"우리 전생놀이 할까?"

어린 딸에게 엄마가 묻습니다.

"좋아요."

어린 딸은 익숙한 듯 대답합니다.

옛날사람도 되어 보고 말이나 호랑이도 되어 보는

이런 전생놀이, 열 번도 더 해봤지요.

어린 딸은 TV를 보던 아빠를 불렀어요.

"깐다까야, 너는 싯다르타 왕자님을 태우던 멋진 백말이었지? 오늘은 날 좀 태워다오."

아빠는 코를 흥흥거리며 두그닥 닥닥 두그닥 닥닥 달려왔어요.

"예, 찬다까님, 당신은 싯다르타 왕자님의 비서실장이지요? 왕자님은 어디 계세요?"

"저기요!" 하고 가리키는 델 보니

엄마 누워 있는 침대 창문 너머의 텅 빈 하늘!

오늘이 마지막일지도 모르는 엄마의 가쁜 숨 너머로 더욱 빛나는

붉은 해!

"문지기 병사야, 왕자님이 부처님 되시려고 성문 나가실 때 모르는

척해줘서 고마웠다. 지금도 모르는 척하기다 알았지?"

어리디어린 딸이 엄마를 향해서는 이렇게 의젓하니 말하는 거였어요.

어쩌라구.

이만하면 괜찮은 이별연습 아닐까요?

사랑의
슬픔

어제 천사의 집에 초대되어 저녁을 함께 먹고 있었어요. 서편 하늘
노을이 하필이면 아름다웠어요. 소아마비 장애가 심해서 한 번도
걸어본 적 없는 민들레꽃 천사님. 육십오 년 삶의 언제나처럼 깔깔
거리며 어떤 반찬보다 맛나고 얼얼한 시 한 편을 들려주었어요. 뇌
성마비 장애인이 쓴 시 * 라며 민들레 홀씨 날려 보내듯 들려주는
데 저녁상에 함께 앉은 세 사람 모두 가슴으로 울었어요.

어머니는 육십이 넘고 뇌성마비 아들은 서른이 넘었대요. 큰 비가
와서 물이 방 안으로 밀어닥치기 시작하는데 어머니는 아들을 들
어 올려 옮기려 해도 힘이 부치더래요. 아들은 어머니를 향해 빨리
나가라고 울면서… 평소 하지도 않던 악다구니를 쓰더래요. 어머
니가 나간 사이 아들은 기도를 했더래요. 하느님 감사해요. 사람들
이 오지 않게 해주세요.

홍수난 물이 아들 누워 있는 방까지 밀려 들어와 턱밑에 찰랑거릴

때, 아들은 자신의 감사기도가 실패한 걸 알았어요. 사람들이 들어와서 축축한 자신의 삶을 들어 올리자 자기 기도를 들어주지 않는 하느님을 원망했더래요. 아들의 기도는 왜 실패했을까요?

아들이 기도하는 그 시간에 맨발 바람으로 달리는 어머니도 기도했기 때문이래요. 아들보다 내가 먼저 죽으면 우리 아들은 누가 돌보나? 평소엔 자기가 아들보다 먼저 죽으면 안 된다고 입버릇처럼 혼잣말을 했는데, 맨발의 그 시간만큼은 마음이 바뀌었대요. 급하니까 진심이 나오더래요.

이야기를 하면서 깔깔천사님도 이 순간만큼은 관세음보살님처럼 마음이 뭉클해지셨어요. 그 어머니의 나이로 그 어머니의 마음이 되어서 제 마음속으로 씩씩하게 걸어 들어오시는 거였어요. 서편 노을이 통째로 밀려들어오는 것 같아서 어쩌라구? 저는 사랑의 슬픔으로 환장하는 줄 알았어요.

* 김대근, 「그 집 모자의 기도」

너의 시간에도
혹 내가 비치는 때 있거든
긴 편지나 다오

산수유가 꽃망울을 터트리는 좋은 봄날에 덕수궁 전시회를 보러 갔어요. 〈미술이 문학을 만났을 때〉. 이런 주제인데 뜻밖의 옛 편지 *를 보고 감격했어요. 제 문학의 선생님이신 서정주가 한창 젊은 날 이리저리 되는 일 없이 시골 뒷방 구석에 쭈그러져 고독으로 사무쳐 있을 때, 친구 오장환 그리운 마음에 편지를 길게 보낸 건데요, 둘이는 이 편지 전후로 '시의 왕자' 자리를 두고 일등이니 이등이니 오르락내리락 하는 사이로 발전하는데요, 절절하게 사무치는 고독이 이들 젊은 시인들의 빛나는 재산이란 걸 제 심장이 쿵쿵거리면서 먼저 알았어요. 마지막 구절 언저리에 산수유 꽃망울 터지듯 그리운 마음 터지는 걸 보았어요.

너의 시간에도 혹 내가 비치는 때 있거든 긴 편지나 다오.

요즘은 긴 편지를 잘 쓰지 않아요. 손전화로 즉시즉시 안부 물어서 그리울 짬이 없어요. 빠른 게 다 좋은 건 아니겠지요. 서로의 마음 은은히 비치는 전통은 그런대로 이어받을 만하지 않아요? 내 마음 호수에 그대 마음달 어리듯, 우리도 가끔은 서로에게 은은해지기로 해요. 참았다가… 사무쳤다가… 꽃피기로 해요. 전시회를 보고 돌아 나오는 길에 아직 꽃피지 않은 산수유나무를 향해 아무도 몰래 소곤거려 보았어요.

너의 시간에도 혹 내가 비치는 때 있거든 긴 편지나 다오.

* 1939년 11월 23일 서정주 씀

사람으론
다시 안 살고
시퍼라우

깊은 산골 어여쁜 암자의 비구니 스님께서 만경창파에 복숭아꽃 떠가는 목소리로 말씀하시길, 어느 노보살께서 자식들에게 마지막으로 부탁을 하셨답니다. 나 좀 스님헌티 데불다주라. 스님 보고잪다. 그래 허리 접히기 직전의 반꼬부랑 할머니가 생애 마지막으로 어여쁜 암자 절간에 오셔서 부처님 전에 기도하더랍니다.

다시는 안 살고 시퍼요.

"한번 사람 몸 잃으면 만겁에 돌이키기 어려우니 다음 생에 다시 나서 이고득락離苦得樂 하옵시고…" 생전 예수재 기도 올리던 스님도 콧날이 시큰거렸는지 숨을 살짝 고르고 있었는데요, 그건 할머니 내력의 만경창파를 잘 알기 때문이었지요. 이 할머니 전쟁통에 그리운 이와 헤어지고 피붙이를 여럿 만들었는데 그기 참 성씨가

다 다르더랍니다. 물지게 똥지게 날품팔이 막노동… 온갖 일 상머슴처럼 하며 구십 년 세월 뜬구름처럼 흘러갔는데, 할머니는 마지막으로 절간 옆 마른 실개천에 겔짝겔짝 흘러가는 개울물 소리 같은 목소리로 기도하더랍니다.

사람으론 다시 안 살고 시퍼라우.

노보살님 돌아간 지 서너 해쯤 되는 어느 봄날, 저는 마침 그 이야기의 인연 속에 들게 되었는데 그때 절 마당에선 복숭아꽃이 하늘하늘 떨어지고 스님 목소리는 만경창파 공중을 도용도용 떠가고 있었습니다. 꾀꼬리 빛 봄 햇살이 허공 가득 출렁이는데 인생은 어쩌면 이리도 깊은 것인지요. 제 눈에만 그리 보이는지 제 귀에만 그리 들리는지 모르지만, 다시는 안 살고 싶다던 할머니는 복숭아꽃으로 잠시 왔다가 생전의 목소리로 조곤거리며 공중바다를 배 떠나듯 떠나고 있었어요. 스님 보고잪다… 스님 보고잪다…

개 행자

이상타, 우리 바람이하고 마이 닮았네. 스님, 이 개가 오데서 왔능
교? 온 델 모릅니다. 어느 날 절에 왔는데 도무지 나가질 않아 인연
이려니 하면서 같이 삽니다. 쫌 자시 봐도 될까예? 가만 보자, 옴마
야 맞네, 우리 바람이 맞네, 야야, 니가 왜 여기 와 있노? 내카마 니
찾아스 동네방네 쎄빠지그로 돌아다닜대이.

산언덕 넘어 사는 보살이 몇 개월 만에 나타나 바람이 주인이라며
데려가려는데… 절 마당엔 부처님 오신 날 연등들이 바람에 신나
게 흔들리는데… 햇살 좋은 마당 한복판에서 바람이는 가지 않으
려 낑낑거리는데… 그간 키우며 정들었던 법당 보살님도 눈물바람
으로 놓아주지 않으려는데…

어쩌라구?
화사한 봄날 백주대낮 절 마당에 이런 막다른 골목이 또 있나!

들리는 말에 주인이 한 달씩 해외여행 가면 이웃집 할매가 와서 사료를 주었다 카대. 그러다 슬그머니 개줄이 풀어진 거지. 내가 이렇게 사느니 산 넘어 절집으로 가야겠다. 마당 넓은 금빛 할아버지 집에 가면 개자유! 바람이는 나름 계산이 있었던 거지. 전생에 초짜스님 생활하다가 잠깐 게을러 축생 몸 받은 걸 까무룩 가까스레 기억했던 거지.

산 넘어 주인도 자기 마음 하나쯤 넘을 줄 아는 보살인지라 바람이 잘 돌보지 못한 마음 뉘우치더랍니다. 우얄꼬 우짤꼬, 그라모 마니는 여기스 살아야 할낀갑따. 절간에 온 개 한 마리를 두고 두 보살이 울먹거린 이야기를 들려주었더니 어뜨케 어뜨케 하면서 제 부인님도 자기 불쌍한 가슴에 쬐그만 멍 하나 만들어 가집니다.

그래 이 절간에는 수행자가 셋인데 주지 스님 한 분과 기도 스님 한 분, 그리고 바람이라는 신출내기 행자가 있지요. 나한기도 도량으로 이름난 거조암 영산전 문지방 밑에 이따금 의젓하니 앉아서 지금도 먼산바라기 하고 있습니다. 출가 수행자 손으로 꼽는 이즈음 소식치고는 그런대로 희소식 아니겠는지요.

프러포즈

영감, 내가 지금 프러포즈하는 건데 우리가 이다음 생에도 사람으로 다시 나면 지금처럼 부부로 만나 줄래요?

낙원동 행복요양원 313호실. 해가 뜨자 빨간 립스틱 바르고 이렇게 말씀하더니 해가 지자 자기 영감을 캄캄한 밤처럼 몰라보는 할머니. 당신은 누구신데 자꾸 내 옆에 있는 거예요? 저리 가요. 경찰을 부르겠어요. 간호사! 선생님! 엄마!

싸늘한 가을바람에 영감님이 입술을 깨물며 흐느끼자 전쟁 때 돌아간 억울한 아버지 생각나듯, 극단으로 갈려 몸 찢어지는 모든 전생이 달라붙듯, 아버… 아버… 더듬거리면서 일곱 살짜리 소녀는 인생의 마지막 가을을 걸어갔어요. 낙엽처럼 떨어지는 피멍든 지아비 가슴길 위를 더듬더듬 지나는 중이었어요.

그녀는 갓 일흔. 사대도 곧고 틀니 하나 없이 생밤도 잘 깨물어 잡숫는데, 금생도 모자라 다음 생까지 한 남자에게 사랑으로 미치겠다는데, 소리 없이 꺽꺽거리는 평생의 사랑이 왜 돌아간 아버지처럼 보이는지, 억울한 사랑은 왜 억울한 사랑들끼리 몰려다니는지, 찬란한 오늘 아침 일은 왜 까마득히 모르고 수많은 밤 저편의 아득한 일곱 살 풍경은 왜 이리 잘 떠오르는지… 그게 참, 천 갈래 만 갈래로 갈라지는 사나운 폭류인 줄도 모르고 할머니는 내일 아침에 또 이렇게 마음 잠깐 황홀할 거예요.

영감, 내가 지금 뽀뽀하는데 우리가 이다음 생에도 사람으로 다시 나면…

아홉 스님 뒤에

아홉 스님이 금생에도 내생에도 다시 못 할 천막결사의 용맹정진 동안거를 하고 난 뒤 그 과정을 다룬 다큐멘터리 영화가 만들어졌는데, 이 영화를 보고 가슴이 먹먹해진 한 비구니 스님께서 발원을 하셨습니다. 나도 다음 생에는 비구로 태어나게 해주소서! 여러 사람이 같이 듣는 자리에서 뎅그렁 뎅그렁 종소리처럼 크게 들렸습니다.

이 말씀의 물결이 제게 잔잔히 밀려오는데, 아아 부처님께서 일찍 돌아간 모친 대신 자기를 키워주신 마하빠자빠띠 이모님이 맨발로 한 달을 걸어 부처님 계신 곳에 찾아와 출가 허락을 간곡하게 읍소하실 때, 세 번이나 강하게 반대하신 이유가 더 큰 파도가 되어 밀려왔습니다.

애가 탄 부처님 비서실장 아난다 존자가 임기응변의 지혜를 발휘하지 않았더라면 여기 이 비구니 스님 발원도 못 들을 뻔했지요.

"부처님, 만일 여성일지라도 출가하여 부처님의 가르침대로 수행에 힘쓴다면 남자만큼 수행의 성과聖果를 얻을 수 있겠습니까?"

"그렇다, 여인도 이 법에 귀의하여 지극한 마음으로 수행하면 성스러운 과보를 얻을 수 있다."

부처님께서 이렇게 말씀하시기까지 천둥벼락보다 무시무시한 잠깐 동안의 침묵이 있었는데… 저는 그 침묵의 시간이 이 비구니 스님의 발원 속에 새로 꽃피어나기를 발원했습니다. 부처님 말씀 중에 비구 스님을 부러워할 아무런 이유가 없으니까 말입니다.

지극한 마음으로 수행하면…
지극한 마음으로 수행하면…

나도 내가 너무 많아
어리둥절해요

프랑스 시인 샤를 보들레르가 일찍이 노래한 것처럼, 여행 중에 제 후광後光을 떨어트린 나그네가 그걸 다시 주워 올릴 용기가 없음을 고백하면서 시인을 비수로 찌르는 한마디를 했어요. 어느 엉터리 시인이 그것을 주워 뻔뻔스럽게 쓰고 다니는 꼴불견이라니! *

시인은 남의 후광을 주워 들고 제 얼굴인양 쓰고 다니는 사람이라는 소린데 전 이게 엉터리 같질 않아요. 걷다 보면 인생이 다 그렇죠. 나도 내가 너무 많아 어리둥절해요. 하는 역할도 많고 SNS 미로에선 곧잘 길을 잃어요. 최근 소식이 궁금하다구요? 전 삼라만상 여행을 해요. 어둡고 긴 윤회의 길을 속성과정으로 열심히 쏘다니죠.

더러는 길바닥에 뭉그러진 고양이를 봐요. 아주 가끔은 머리 으깨진 어린 뱀을 보기도 해요. 길을 가다가 내가 가는 길도 마찬가지인 길이 아닌지, 환한 저승이 그렇게 속삭이는 길이 아닌지, 비개인 햇빛 속을 가면서 생각해요.

"나는 한때 셰익스피어였지. 또한 쇼팽의 일부이기도 했노라."

뭉개진 얼굴을 주워 들고, 길바닥을 통째로 주워 들고, 빛나는 척 내가 대신 쓰고 다니는지 몰라요. 세상이 온통 가면 천지예요. 죽은 것들의 가면이 걸어 다녀요. 내가 다 죽은 것들이에요. 소금쟁이…, 물방개…, 어릴 때 불에 태워 죽인 쥐에요. 어쩌라구?

* 보들레르의 소산문시집 『파리의 우울』 중 「후광의 분실」

세상에서
가장 큰 눈물방울

깊숙한 절간 처마 밑 제비둥지에 새끼 제비 세 마리, 매일 배고파 웁니다. 어미 아비 제비가 정신없이 먹거릴 나르는데 오늘 아침 새끼 제비 한 마리가 그만 오두방정을 떠는 바람에 배추흰나비 애벌레가 툭 하고 떨어져 내립니다. 태어나서 처음으로 공중살이를 해 본 배추흰나비 애벌레. 모든 중생의 자유가 그렇듯 아주 짧은 순간입니다.

잠시 뒤 떨어진 애벌레 주변으로 배고픈 개미새끼들이 새까맣게 몰려나와 커다란 애벌레를 즈이들 개미굴로 밀어 올립니다. 아기 주먹만 한 도톰한 흙 언덕 경사인데 그것도 경사라고 올라가다 미끄러지곤, 올라가다 미끄러지곤 합니다. 굼틀굼틀 떼굴떼굴, 희고 부드러운 살덩이는 시시포스의 바위처럼 제 한 생애를 오르락내리락 합니다. 어쩌라구? 알머리가 아직도 파르스름한 어린 스님이 그 앞에 쭈그리고 앉아 두 눈에 눈물방울 그렁그렁 매달고 내려다봅니다.

옛이야기

난초꽃

호호백발 할머니가 절간 뜨락에 앉아 있어요.

봄빛도 제 몸 아까운지 한낮의 고요 속으로 조심조심 떨어져 내려요.

난초꽃이 무어라 속삭였기 때문이에요.

"학상! 봄꽃 예쁘제?"

"……"

"저 꽃은 작년이나 올해나 한결 같구먼. 사람은 이렇게 쭈그러져도 말일시."

"할머니도 고우세요."

당나라 시인 유희이劉希夷가 '년년세세화상사年年歲歲花相似 세세년년인부동歲歲年年人不同'이란 절창을 지었다가

송지문宋之問이란 고관대작에게 빼앗기고 나설랑

흙주머니 압살 형벌을 받아 내장이 다 터지고 온몸의 뼈마디가 으스러져 죽었는데

시를 너무 빼어나게 잘 쓰면 질투를 당해 죽게 된다는 교훈이지요.

나중에야 시의 진짜 주인이 밝혀져서 사람들 마음에 오래 살게 되었는데

호호백발 난초 할머니 마음에도 그 영생의 시가 이삿짐을 싸들고 들어온 게 아닐까 해요.

'해마다 해마다 꽃은 피어 그 모습 비슷도 하건만

해마다 해마다 사람의 모습은 같지가 않구나.'

이게 천삼백 년이나 더 전에 쓴 시의 마음이

노보살 할머니께 나비처럼 날아온 게 아니고 무엇이겠습니까.

강석주 스님 계시던 제주도 관음사에 머물 때였어요.

스님은 세수 일흔 아홉, 노보살 할머니는 여든 여덟.

세상에 둘도 없이 다정한 꼬부랑 남매 같은데

스님은 애절 간절한 할머니 마음 아시는지

마당 한 켠 멀찍이서 난초꽃 바라보며 빙그레 웃기만 합니다.

하, 생각이 나비처럼 날아가니… 삼십 년도 더 오래 전 일이에요.

만해 스님께서 젤 잘하신 일은

글쎄, 스님다이 잘하신 일은 경상도 양산까지 한달음에 달려가 먼지곰팡이와 싸우면서 통도사에 비장된 고려대장경을 훑어보신 일 아닐까요? 다른 스님들은 그가 경각에서 오래 나오지 않으니까 1511부 6802권으로 구성된 대장경을 일일이 혜는 줄 알았나 봅니다. 낮에는 화엄을 강의하고 나머지 시간을 온통 먼지곰팡이와 친하게 지내셨는데 밤에는 친하게 사귄 그것들을 엄격하게 줄 세우셨지요. 다시 범어사로 가셔서 거기 대장경까지 열람하시고 이 땅에서는 처음으로 편집 솜씨를 쓰윽 발휘하셨지요.

『불교대전』은 그렇게 해서 만들어진 겁니다. 부처님 말씀이 아무리 고귀하고 방대하면 뭐하나? 사람들이 말귀를 못 알아듣는데… 해설라믄, 마음 바쁘셔서 아홉 개의 품을 만들고 팔만대장경을 산뜻하게 우겨넣으셨지요.

산뜻하게 우겨넣기!

헌데 이게 쉽겠어요? 대통령 공약사항부터 우는 아기 달래는 일까지, 산뜻하게 우겨넣을 일이 지천 아니겠습니까. 우리 불교는 천육백오십 살이나 잡수셨는데 왕조시대의 마지막 오백 년은 부처님법대로 살지도 못하고 쭈그러져 버렸지요. 그래서 천육백오십 년의 세월과 팔만대장경 경전의 바다를 황진이 시조 구절처럼 '서리서리' 넣었다가 '구비구비' 펴는 게 초일류 기술인 거지요. 산을 갈아서 바다에 섞어 마신 뒤 별빛을 뿜어내는 일이고말고요. 만해 스님 잘하신 일 많지만 저는 이게 제일이라 생각합니다.

가만히 헤아려보니 지금부터 백년도 더 전인 1914년의 일인데, 제가 만해 스님께 깜짝 배운 공부는 '한 권으로 읽는 부처님 말씀'의 그 참신한 발원이 아니라, 살다 살다 안 되는 일 억지로 해야 할 때를 당하면 산뜻하게 마무리해야 별 탈이 없다는 삶의 지혜입지요. 누구나 심장에 좀 새겨 넣으면 좋지 않을까요?

산뜻하게 우겨넣기!

아무래도 이게 아니네

길을 가거나 입시공부를 할 때나 수행정진을 할 때 아무래도 이게
아니네 싶으면 빨리 돌아 나와야 한다네.

부처님께서 5년 이상이나 혹독한 고행을 하시다가
아무래도 이게 아니네 싶어서
어린 시절 잠부나무 아래 명상을 떠올리시곤
그 방법으로 마침내 가장 높고 바른 깨달음을 얻으셨지.

보라, 완전한 부처님도 시행착오를 하셨도다!
잘못을 인정하고 빨리 고치는 게 아름답도다!

그때 하늘의 신들이 이런 노래를 불렀더래나 어쨌더래나.

예수님 사후, 제자 베드로가 로마황제의 박해를 피해 달아나다가
시골길 한복판에서 예수님 환영을 보고 공중문답 신비체험을 했는
데 내용인즉 이런 거야.

"주여, 어디로 가시나이까?"
"네가 내 백성을 버리고 달아나니까 내가 가서 십자가에 한 번 더 매달리겠다."
그래, 아무래도 이게 아니네 하는 마음이 찾아와
로마로 다시 가서는 십자가에 거꾸로 매달린 순교를 하신 건 아닌 지…

지나간 잘못 뉘우치는 걸 참懺이라 하고
앞으로 잘못하지 않으리라 다짐하는 걸 회悔라 하는데
참회란 온몸에 붉은 땀이 솟고 눈에서 피가 쏟아져야 한다는데
솔직히 말하면 이건 어려운 이야기지.

누구에게나 쉬운 일상 반성문이 윗길은 윗길이야.
'아무래도 이게 아니네…' 하면서,
자기 마음 가볍게 회초리 치는 습관이
훨씬 아름답다고 저는 생각합니다.

나란히
- 원효 스님 말씀을 인용한 지눌 스님의 「정혜결사문」을 읽다가

지리 지리 지지리

지무리 지지리

지 무리 지지리

어떻게 끊어 읽어야지리?

지지리 못 읽네.

아니지,

아무래도 아니지.

띄어쓰기 하지 않는

이상李箱의 시처럼

모두 붙여! 나란히!

지무리지지리至無理之至理

이렇게 읽으니
'이치 없는 지극한 이치'일세.

멍텅구리…
멍텅구리…

나는 말만 근사한
앵무새구나!

일연 스님 모자
행장기

꼬부랑 고승이
더 꼬부랑 노모를 돌본다.

왕이 국존으로 모셔도 물러나
늙은 어미 기저귀 갈아드린다.

어미 돌아간 뒤
〈삼국유사〉 집필하고
자신도 돌아간다.

아들 일생은 인각사
돌 비문으로 남고

어미 생애는 먼 산 꼭지 속
산소로 눕는다.

세월 흘러 팔백 년

아침 해가 뜨면
비문에 비친 빛이 날아가
어미 산소 어루만진다.

홀로서로

유수부운임소지流水浮雲任所之
청풍명월독상수淸風明月獨相隨

흐르는 물 뜬구름에 가는 대로 맡기어
맑은 바람 밝은 달은 홀로서로 따르네.

정도전이 백정柏庭 선사를 위해 지은 칠언절구 앞머리에 이런 구절
이 있습니다.
독상獨相을 앞에 놓고 고개를 갸우뚱하다가
대학 은사 이종찬 교수께서 '홀로서로'라 옮긴 걸 보고 흐뭇하게 웃
습니다.

정도전이 평소 까다로운 사람인데
백정 스님을 위해서는 각별한 마음을 보인 거군요.
청풍도 좋고 명월도 좋지만
둘이 서로 어우러지면 더 좋다는 뜻 아닐까요?

'홀로인 듯한데 서로를 따르다.'
정도전은 불교를 세계 배격한 개혁파 신진 사대부였는데
좋아하는 스님 그리며 선기禪幾를 슬쩍 드러내네요.

홀로서로

이거 대인관계의 아름다운 비밀 아니겠어요?
부부지간이거나 친구간이거나 마음의 모든 원수들이 평화협정 맺
을 때, 극락은 지옥을, 열반은 또 번뇌를…
홀로서로를 명심하면서 그리워하는 법 배울 수밖에.
나머지 두 구절에서 그 묘심 헤아릴 수 있겠지요.

원유필경종하득遠遊畢竟終何得
조조귀래위아사早早歸來慰我思

멀리 놀아 끝내는 무엇을 얻을까.
빨리 돌아와 내 생각 위로하시게.

세병관

그는 불에 구운 돌을 먹고
불에 녹은 구리쇠도 마셨다. *

매일 밤바다를 퍼내고
아침엔 산을 날랐다.

그래도 먼지터럭 하나
날리지 않았다.

그가 얼마나 큰지
아무도 모른다.

세상의 전쟁 끝나면
혹시 볼 수 있을지…

그가 억센 팔뚝으로

은하수 푸른 물 끌고 와

이 땅의 피 묻은 창과 칼

조용히 씻고 있는 것을**

*『법구경』 '지옥품'

**두보의 시 「세병마행」 "어이하면 힘센 장사 구하여 하늘의 은하수 끌어다가 갑옷과 병기 깨끗이 씻어 영원히 쓰지 않게 하려나! 안득장사만천하安得壯士挽天河 정세갑병장불용淨洗甲兵長不用" 참조.

나무 싯다르타

무우수無憂樹 나무 아래서 나고
보리수菩提樹 나무 아래서 깨달아
사라수娑羅樹 나무 아래서 돌아갔네.

그는 나무의 아들

발을 뻗고 팔을 펼쳐
땅과 하늘을 이었네.

세상 모든
나무들처럼…

무우수 보리수 사라수

더운 마음바람 불면
그늘 드리우는
수수수 소리

수수수… 수수수…
시원하고 또 시원하리.
저 그늘의 하늘

맨발의 부처

부처님께서 팔순 할아버지셨을 적에… 바람 빠진 자루처럼 몸포 헐렁거려 잠시 뒤 열반이 오는 걸 아셨을 적에… 제자들이 앞일을 어찌할지 몰라 걱정하고 있을 적에…, 마침 금세공장이 쭌다가 올린 공양을 드시고 배앓이를 심하게 하시게 되자, 마흔다섯 해 동안 사람들 사이를 다니시며 말씀 전하는 데 일등공신이었던 두툼한 발바닥은 제일로 서러웠지요. 낡아빠진 수레가 간신히 움직이는 것처럼 빠와 마을에서 꾸시나가라로 길 떠나시는 몸을 또 모셔야 했거든요.

아난다야, 쭌다가 슬퍼하지 않도록 네가 잘 보살펴라. 쭌다가 올린 공양은 여래에게 올린 마지막 공양이 될 것이니라. 커다란 복을 지었노라 말하고 그를 잘 위로하도록 하여라.

아난다는 눈물을 삼키며 부처님 말씀을 겨우겨우 듣고 있었지만 발바닥은 피눈물을 흘리고 또 흘렸습니다. 죽음의 길을 향해 나아

가는 할아버지 부처님의 마음이 한없이 따스했기 때문이지요. 흙먼지 돌 부스러기 하나까지 사랑하시는 마음을 발바닥은 제일 먼저 느꼈거든요. 감히 부처님께 안 좋은 음식을 올리다니! 공양주를 탓하는 모든 미워하는 마음들이 얼씬도 못하도록 자비의 울타리를 치시는 부처님 말씀에 미움의 옹이들이 다 터지고 말았던 겁니다.

할아버지 부처님께선 두 그루 샬라나무 사이에 가사를 네 겹으로 접어 깔고 누우셔서 마침내 열반에 드셨는데 아마도 부처님께서는 당신의 발바닥에게 마지막 임무를 주셨던 모양이지요? 제일 큰 제자가 오거든 관 밖으로 네 모습을 보여라. 그래서 부처님 관에 아무리 불을 붙여도 붙지 않다가 마하까샤빠 스님이 먼 포교에서 돌아오시자 발바닥은 비로소 관 밖으로 모습을 보였다고 합니다.

이것은 말입지요, 마하까샤빠에게 선禪의 등불을 전하는 이야기라고 합니다만 저는 부처님 발바닥 정신의 간절한 신호등이라고 생각해요. 수레가 굴러가듯 진리의 바퀴를 굴려 널리 사람들에게 전하는 게 법륜法輪인데 부처님 몸으로 보면 발바닥이 바로 법륜 아니겠어요? 사람과 사람 사이를 맨발로 걸어 다니는 부지런한 발바닥! 수레바퀴가 낡고 낡아 덜컹거리는 것처럼 여든이 되기까지 부지런히 돌아다닌 발바닥의 생애가 저는 제일로 가슴 짠해요. 진신 사리보다, 어느 불상 불탑보다, 눈물 한참 더 나요.

어쩌라구… 어쩌라구… 어쩌라구…?

한 걸음 한 걸음 마지막 걸음까지, 미움의 옹이들 죄다 터트리는 슬프고 아름다운 맨발!

떠돌이 부처

깊은 산속에 찾아온 난초 향기의 여인. 수행에 방해되니 다른 데로 가시오. 북쪽 나무집의 박박은 이렇게 거절했지만, 남쪽 돌집의 부득은 밤 깊어 위험하니 누추하지만 들어오시오… 두 수행자는 밤의 나그네 여인을 이렇게 달리 대접했지요. 까다로이, 너그러이. 세상만사 비슷합니다. 까다로우면 다른 데로 가고 너그러우면 그마음 가운데 눌러앉습니다.

박박이네서 퇴짜 맞고 부득이네에 눌러앉은 나그네 여인. 새벽이 되자 부득을 부르네요. 스님, 애기가 나오려 하니 짚자리 마련해주이소. 어이쿠, 마음 황망하지만 만삭의 여인 불쌍히 여겨 그리하니 여인은 해산 마치고서 이번엔 스님 귓불 잡아당겨 속삭입니다. 스님이 물 데워 절 좀 씻기주이소. 에구, 생로병사의 고통을 우얄라꼬 한 목숨 또 낳았노? 스님 마음 안타깝고 너그러워 또 그리하는데 점입가경이로세, 단수가 점점 올라 말도 아니고 손짓도 아닌 눈빛으로 마음 전하네요. 일루 오세요… 스님두 예 들어와서 저랑 몸 씻어요…

숫스럽고 부끄럽긴 하지만 중생 설움 함께 아파보자. 출산 여인 몸 씻는 물에 홀라당 알몸 담그니 온몸이 금빛 미륵부처로 변한 너그러이 너그러이 수행자. 이 부득이로 말하자면 그 무엇도 차별하지 않아 마침내 도를 이루었다는 이야기입니다. 알고 보니 그녀는 스님의 도를 돕기 위해 마지막 시험 감독관으로 오신 관세음보살이셨지요.

부득이 밤새 파계했을 테니 나무랄 요량으로 다음 날 아침 찾아온 까다로이 까다로이 박박. 금부처 친구 앞에 눈이 휘둥그레집니다. 앗차차, 까다롭게 의심하고 거절해서 미륵부처님 되실 기회를 놓친 거네요. 먼저 부처가 된 친구가 권하는데 패자부활전 안 할 수 있나요. 자네도 여기 몸 담그시게. 그래, 부득 몸 담근 물에 스르륵 드니 금물이 조금 모자랐던지 부득처럼 깔끔한 금빛이 아니라 약간 얼룩덜룩해졌더랍니다. 아침 햇살에 금빛이 찌끔 날아가서 그런지는 모르지만…

노힐부득과 달달박박. 옛날 책 〈삼국유사〉에는 두 수행자 모두 성인이 되어 서쪽하늘로 날아갔다고 하지만 사람이 어떻게 완전하겠어요? 저는 얼룩이 조금 남은 미불未佛이 아직도 인간 동네에 살고 있다고 믿어요. 금물이 조금 모자라 발바닥만 맨발인 떠돌이 부처님이 이 집 저 집 문 두드리며 다니시는 걸 믿어요.

사바사바

애기단풍

설악산 산길을 가다가 애기단풍을 만납니다.
이 단풍 아직 어려, 가슴 두근거리기에는 아직 어려서,
붉을 줄을 모릅니다. 미치기에는 아직 더 자라야 합니다.

단풍이 붉게 미치면 온 산이 울 테지만
이 애기단풍 하나 모자라서
산은 지난가을을 다 울지 못했습니다.

얼음장 밑 흐르는 개울물 소리에
모자란 가슴 다 붉어진 오늘 아침

헌데 어쩝니까.

애기 밥숟가락만큼 눈이 덮여서
잘 보이지 않습니다.

크고 깊은 숲

그 옛날 내가
울울창창한 나무숲이었을 적에

서러운 목숨들이
내 몸에 살다가곤 했었지.

온갖 꽃들이 피어나고
새소리 물소리 끊이지 않는데

꽃 떨어진 자리는 보여도
새 사라진 자리는 흔적 없었네.

새는 어디서 어떻게 죽는 걸까?
묻고 또 물어도 찾을 수 없는 답

오랜 세월이 흐른 후
죽은 새의 모습을 찾으려는 내가
어리석다는 걸 알았네.

흘러간 시냇물을 찾을 수 있나?
숲은 크고 깊어서 제 안에 다 감추고도
보여주지 않는 걸.

그런 거야.
나도 나를 다 몰라.

어쩌라구.

자화상

거울을 본다.

공중에
거미가 사라진
뒤에 남는

잔잔한
여운 같은
　얼굴

그 위로
너무 많은
꽃잎 진다.

황혼길

저녁비 지나가듯

잠깐 머물고 가는…

나는

모든 나의

여운이다.

사바사바

아마 내가 미토콘드리아일 때였나 봐요, 집에
불이 났어요, 무조건 뛰쳐나왔어요, 급한 대로,
강물이 일어서서 날 전송해 주었어요…

먼 길 몸조심 해, 흰 꽃들이 내 발바닥에
자기들 뺨을 붙여 주었어요, 꽃들을 위해서라도
걷지 않으면 안 돼요, 사바사바, 나는 걸어서…

사람이 되기로 했어요, 꽃들 뺨에서 붉은 피가
묻어 나왔어요, 잠자리가 머리 위로 날아다니고
해바라기가 해를 가리켰어요, 바람이 사바사바
불고 나뭇가지가 부드럽게 휘고 있었어요…

사바사바, 사바사바, 그때의 내 붉은 발은 고향의
강물을 생각했겠지, 살아서 기억을 전해다오,

사바사바, 뭉개진 뺨의 꽃을 생각했겠지, 사바사바,
집주소를 고쳤어요, 사바사바, 사바사바…

여러 번 이사를 다니다가 문득 옆을 보니 사바야
사바로구나, 마지막 저녁일지도 모를 노을 속을
불타는 뿔의 황소가 걸어가고 있었어요, 내가 전부
사바였어요, 불난 집에서 나와도 내 몸은 여전히

불타고 있었어요… 불타고 있었어요…

묵묵먹먹

칼을 주랴 꽃을 주랴, 내가 네게
매미날개를 주랴 은산철벽을 주랴.

어느 날 내 바위 마음속에
말씀이 들어와 이렇게 속삭입니다.

말에 붙들려 사무치지 말고
다른 사람인 척하지 마라.

말씀은 한 번도
밖에서 온 적 없다.

마음 바위의 말을 옮기자면
굳이 이런 것인데

묵묵먹먹… 묵묵먹먹…
가슴만 태우고 있으니

이 무음별실無音別室은
두루 모두의 마음이겠습니다.

겹겹첩첩

세월의 어느 끝에서 와서
내 몸의 가을 강물
만지며 흘러간 손

이 언덕 굽어볼 언덕에 서서
제 살을 떼어
내게 주는 소

여우비 내리고…
잠깐 흩날리고…

패랭이꽃
제비꽃

풀꽃 목숨들로

내게 오는

겹겹첩첩

눈빛들

저녁소풍

하루 내내
저녁이었으면 좋겠네.

이를테면, 하루 내내
해가 지고 있으면 좋겠네.

사람이나 꽃잎이나 푸른 모래톱이나
모다 노을 아래 한가지로 젖어

누이야, 누이야, 가을처럼
타오르고 있으면 좋겠네.

은성한 별무리처럼, 강물을
타는 강물을 흘러 다니면 좋겠네.

너도, 나도,

영원한 황혼녘이면 좋겠네.
영원한 서편이라면 좋겠네.

단풍경전 *

선운사 가을산문
경전 읽는 소리

스님들 못다 읽어
단풍이 읽어주네.

바람에 씻긴
하늘 맑은 달

도솔산 골짜기
단풍수좌 선방

무문경전 낭독하는
잎잎이 붉은 소리

시냇물이 제 몸에

대신 실어 나르네.

* 법타 큰스님께서 법명法名을 새로 하나 지어주셨는데 경산經山이라, "원뜻은 장경시산藏經詩 山이니 팔만대장경 말씀을 두루 꿰어서 시의 산을 아름다이 만드시게." 하시는 겁니다. 말씀의 먹물로 치면 뻣센 용묵향이 배 속으로 들어와 시 한 수 지은 건데, 무슨 신통인지 그 뒤로 시 마 음이 꼬물꼬물 생기더니 가을 선운사에 와서 시 한 수를 이렇게 짓게 되었습니다.

가을 물

저 여자는
전생에 꿩이었다.

절간 옆에서
경문을 많이 들어
사람이 되었다.

지극정성
저 여자

조심스런
저 여자

다가서면
풍기어 달아난다.

잡으려 해도
잡히지 않는다.

놀란 듯 달아나는
저 여자

푸드덕 날아가는
저 여자

허리 굽혀
손 씻어 보는

가을 계곡
흰 물살

얼굴 없는 부처

다 가져가라
내 돌 살

코도 귀도 입도
나는 필요 없느니

갈아서 마셔라
슬픈 티끌의 몸붙이

오라 오라 오라
서러울 것 없어라

검은 고름과 진물은
내게 다 주고

그대 이제 잘 가라

꽃 피고 새 울면

나는 얼굴 없는

돌사람

.

집 나간 딸

딸에게 배우다

담배를 끊겠노라 선언하고서 몰래 피던 제게 열두 살 딸아이가 작심하고 말했어요. "아빠, 이깟 약속 하나 못 지키면 어떡해요?" 삼년을 참은 딸아이가 나긋나긋 준엄한 목소리로 제 어깨에 장군죽비를 내리쳤습니다. 막다른 골목에 딱 몰려 자식에게 꾸지람을 듣고 있자니 물고 있던 담배가 맥없이 떨어지고 쥐고 있던 거북선 한 갑도 허둥지둥 미끄러지고 말았지요.

소가 뒷걸음치다 쥐 잡는다더니 딸에게 혼나 얼굴 화끈거리는 동안 저는 전생 숨구멍이 아주 잠깐 열렸더랬어요. 우리가 혹 전생의 도반 사이가 아니었는지… 제가 쪼그만 자기수행도 제대로 못하자 딸아이가 벼락호통을 쳐서 순간적으로 전생을 보여준 건 아닌지… 얼떨결에 전생으로 뒷걸음치다 방생도 덤으로 배우게 되었는데요, 손에서 미끄러져 나간 거북선 담배갑이 커다란 거북이로 변해서 봄 햇살 찬란한 공중바다를 느릿느릿 배 저어 가고 있었어요.

하, 인생 참, 수천 개의 알을 밴 커다란 어미 잉어를 강물에 놓아
보내준 건 또 한 번의 열두 해가 지난 뒤였어요. 딸 다 키워놓고 훌
쩍 출가한 여동생 같은 비구니 스님 따라서 점촌 장엘 갔더랬어요.
시장통 좌판 대야에 누워 마른 숨 헐떡거리던 어미 잉어는 가마솥
에 삶겨질 자기 몸뚱이보다 배 속의 새끼들 목숨을 더 서러워하고
있었어요. 눈물 말라버린 눈자위 근처의 희미한 흔적이 찬란한 봄
햇살에 빛나기 시작한 건 잉어를 두 팔로 안아 강물에 내려놓는 순
간이었지요. 그 찰나에, 저도 무언가에서 풀려나는 기분이었어요.
생각해 보면 이게 다 딸이 아빠를 방생하고 난 뒤에 일어난 일들이
에요.

딸이 집을 나가다

세상의 모든 딸은 집을 나가죠. 열매 따고 나물 채집하던 머나먼 석기시대의 봄 처녀 기억 때문이 아닐까요? 들로 산으로 봄 찾으러 나가는 딸들. 원하는 봄을 찾는 딸은 거의 없지요. 한세상 잠깐 자고 일어나 보니 어라, 이 봄이 아니네! 하면서 백발 되기 일쑤입니다.

딸아이는 고등학교 때부터 집을 나가서 아직 돌아오지 않아요. 이역만리 머나먼 나라에서 은하수 건너 베틀 앞에 앉은 직녀처럼 일년 내내 손으로 무언가를 꼼지락 꼼지락 만들어요. 무슨 집인가를 새로 짓기는 지으려나 봐요. 집 나가서 새 집 만드는 게 사람살이인데 제대로 지으면 좋으련만… 창문구멍이나 바람구멍 같은 거말고, 숨구멍이나 슬기구멍도 함께 있는 집을 지으면 좋으련만…

딸의 흔적을 찾다

딸의 빈 방에 가서 딸의 흔적을 찾아요. 일기 쓴 거, 동시 쓴 거, 노트 정리한 거, 그림책 만든 거, 구슬공예 한 거, 점토판에 손바닥 도장 같이 찍은 거, 설악산 대청봉에 올라 사진 찍은 거, 엄마 아빠 사랑해요, 어버이날 편지 쓴 거…

꽃 지고 봄날 가는 것도 비슷해요. '꽃잎 한 점 질 때마다 봄날은 줄어드는데 바람에 꽃잎 우수수 지니 이 시름 어이 견디리.' * 라고 두보는 노래했지요. 봄 흔적 견디기 어렵다는 이야기로 들려요.

딸아이 빈 방에 가면 가는 봄날 보는 듯해요. 뭘 그리 많이 만들고 기록해 놓았는지 풍표만점 마음비람 어지러이 흩날려요. 한 점도 아까운데 만 점을 어찌 견뎌요?

* 일편화비감각춘一片花飛減卻春 풍표만점정수인風飄萬點正愁人

딸 찾으러 길을 나서다

〈심청전〉의 심학규 선생 마음 잘 알아요. 어쩌겠어요? 딸이 너무 보고 싶은 걸… 해서 지팡이 더듬거리며 딸 찾으러 나섰어요. 딸이나 아버지나 길 잘못 들어 딸은 남경상인 배에 실려 바다에 떨어지고 아비는 마을 다리 건너다 개천으로 떨어졌잖아요? 청아 내 딸 청아 어디 갔느냐, 물에 빠져 울먹이며 부르는데 동서고금 모든 속 썩이는 딸들이 그 소릴 듣고 함께 우는 바람에 시냇물이 더 크게 불어 흐르더랍니다. 이 아부지 우쩌할꼬?

〈실종된 송혜희 좀 찾아주세요〉. 여길 가도 딸 찾는 현수막, 저길 가도 딸 찾는 전단지. 아버지는 20년도 더 끈질기게 방방곡곡 하소연하며 다니는데 고2때 집나간 딸은 살았으면 지금쯤 사십 고개 중년일 테지요. 이 집 딸이 아무리 못 나올 사연 있어 저 혼자 대성통곡해도 딸 찾는 아버지 피눈물만큼 애통하지는 않겠지요? 가족에게 돌아가지 못하는 또 다른 송혜희들이, 이럴 때 함께 울어주면 이 아버지 피눈물도 조금은 묽어지지 않을까 해요.

딸 친구에게 딸 소식을 듣다

죄송해요. 저만 먼저 나왔어요. 딸 친구에게 딸 소식 물으니 이 말밖에 하지 않네. 그럼 너도 내 딸이 어디 있는지 모른단 말이지? 아버님만 눈앞이 캄캄한 게 아니에요. 전 가슴도 캄캄해요. 저만 먼저 나와서…

딸을 바다에서 놓치다

가기야 갔더라만 배는 이미 떠났어요. 인당수 험한 물에 깊고 푸른 우리 심청이, 바다를 하마 건넜을까. 심 선생 자지러져 울듯이 많은 아빠들이 발 동동 구르며 배 가라앉는 걸 생중계로 지켜봤어요. 배 안에 갇혀 울부짖고 있는 아빠 사랑해… 엄마 사랑해… 마지막 문자들이 *쓰쓰똔똔 쓰쓰똔똔* 모스부호처럼 아빠들 가슴에 날아와 박혔어요. 피눈물이 솟구치는데 배는 점점 가라앉고 있었어요. 그건 배가 가라앉는 게 아니라 나라가 가라앉는 거였어요. 심 선생에게 무슨 나라가 필요 있겠어요. 청이 하나만이 사랑이었어요. 청이 하나만이 나라이고 전부였어요. 딸을 그만 바다에서 놓쳤어요. 아빠들도 심 선생처럼 마음 캄캄해졌어요. *쓰쓰똔똔* 무전소리가 심장에 쓰라리게 똬리를 틀었어요.

집으로 혼자 돌아오다

좋은 봄날 다 보내고 집으로 돌아오면 집은 집이 아니요 돌아와도 돌아온 게 아니에요. 우리 심학규 선생 마음은 허공중을 헤매는데 어디가 동서이고 남북인지 분간할 수 없어요. 이참에 배는 또 고파오니 목구멍으로 밥 넘겨야 하는 몸뚱이가 웬수 같은데, 목침을 베었다가 끌어안았다가 한밤중에 우두커니 일어나 앉아 진달랫빛 목청으로 청이 생각 달래는 중이어요. 청아청아 우리청아… 저바다를 다퍼내어… 너를다시 본다한들… 한번간봄 오겠느냐….

집 나간 딸이 돌아오다

집 나간 딸이 돌아온다고 심 선생 꿈에 기별이 왔어요. 딸 놓자마자 세상 떠난 곽씨부인도 기별을 받기는 받은 모양입니다. 심 선생귀에 혼으로 들어 반가운 맘 서러운 맘 뒤엉켜 혼잣말로 한 풍월하는데…

어디보자 다시보자 집나간딸 돌아온다 눈을씻고 새로보자
저바다에 이가슴에 생이별을 남겨두고 떠나간딸 돌아온다

초승달에 노를걸어 하늘공중 너른바다 너울너울 밀려온다
초록별이 등대런가 오는길을 불밝혀서 마당까지 비추소서

따슨밥을 지어놓고 좋아하는 나물반찬 가지가지 차릴레라
밥상위에 하나가득 쏟아지는 웃음소리 여기바로 네집이다

너를너를 기다리다 이가슴과 저바다가 텅비어서 말랐구나
이제다시 너를보니 참고참은 목울음이 한꺼번에 터지는데

무슨말을 어찌하랴 아가아가 우리아가 어디보자 다시보자
눈을씻고 새로보자 집나간딸 돌아온다 우리딸이 돌아온다

이때 말입니다. 그 어머니 서러운 곡조를 알아듣기나 하는지 마당
의 만병초 꽃들이 화창화창 피어나고 있었습니다.

돌아온 딸을 다시 낳다

〈심청전〉은 하늘이 내린 효녀 이야기예요. 조선에선 효가 으뜸이니 소리꾼은 사람들 마음을 바다 밑바닥 훑듯이 샅샅이 훑어서 눈물 바다를 새로 만들고말고요. 심 선생 목메어 우는 대목에 이르면 사람들은 한마음으로 눈물 쏟아 바다를 새로 만드는데, 이 바다는 글쎄 부처님 가피력이 더해져서 죽었던 청이가 연꽃 타고 다시 살아나는 바다가 아니던가요. 죽었던 딸이 황후마마가 되어 면전에서 아버지를 부르니 다시 살아난 딸을 보려 아버지가 눈을 뜨게 된다는 출천지효 맹부개안 영험담인 셈이지요.

그런데 심봉사가 눈을 뜬 건 캄캄한 무명 세계를 벗어나 높고 바른 깨달음의 세계로 간다는 부처님 말씀 그대로인데 무명이니 깨달음이니 하는 말이 어려우니 봉사가 눈을 뜬다는 비유법으로 이야기한 게 아닐까 해요. 절집에서는 본원청정심 찾는 게 수행의 목표라고 하는데, 이런 말도 어려우니 "환히 잘 보인다!" 이렇게 말을 감각적으로 깔아드릴 테니 잘 밟고 가시라는 서비스인 것이지요. 눈

먼 아버지 눈 뜨는 게 설마 공양미 삼백 석의 대가이겠어요? 집나
간 딸 보고 싶은 간절한 바람이 있어서 그리 된 것이지요. 무명 어
둠 심 선생이 눈을 새로 뜨는 순간, 황후마마 심청이를 다시 낳은
셈이 아닌가 해서 드리는 말씀입니다. 세상 별거 없어요. 제 마음
하나 간절하게 사는 게 중생살이 정답이에요.

마당가의 모란꽃이 꽃몸살 세게 하면서 꽃 피우려 애쓰고 있어요.
제 눈엔 집 나간 딸이 돌아오는 몸짓편지 비슷해서요, 얼치기 시인
연습으로 읽어보는 중이에요.

꽃 피는 건 집 나간 딸이 돌아오는 거예요.
모쪼록 그렇게 생각하세요.

봄 오는 건 봄 찾으러 나간 딸이 돌아오는 거예요.
모쪼록 그렇게 생각하세요.

꽃 피고 봄 오는 건 집 나간 딸이 돌아와 아빠를 방생하는 거예요.
모쪼록 그렇게 생각하세요.

다시 낳은 딸에게
다시 배우다

봄이 와 나무에 새잎 나듯
몸에도 새롭게 나오는 게
있으면 좋겠어.

검은 머리카락이라든지
불로장생 호르몬이라든지
이런 거 말고

연초록 손톱이라든지
어제보다 다정한 눈빛이라든지

숨구멍마다 터져 나오는
생명의 바람 같은 것.

내게서 네게로
산드라이 불어가는 것.

바람 불고…
꽃이 피고…

봄이 오는데…
봄은 오는데…

어쩌라구.
너한텐 마음의 봄이 안 와?

허공은행

뼈도 힘줄도 없이
달리는 물

시간 경마장 가는 길이구나.

내가 내 그림자를
추월할 수 있을까

이렇게 달리다간 우리 모두 죽을지도 몰라.

나는 왜
A4 용지처럼 생겼나?

뭔가를 계속 출력하라는 거지 뭐.

가장 어려운
논술문제

현실과 무관하지 않은, 이룰 수 없는 이상 하나를 말해 보시오.

달팽이는 왜
부동산에 가지 않는가

집 없다, 내가 집이다, 빙고!

그래도
허공은행이 있지 않나

무한정 무차별 대출가능

팔만대장경
5천만 글자를 다섯 자로 줄여보니

착하게 살자. *

---

* 팔만대장경은 81,258개의 경판에 약 5천2백33만 글자나 된다. 완독하는 데 30년 걸린다. 그
안에 게송(시)으로만 이루어진 〈법구경法句經〉이 있는데 한역漢譯 752송 중 가장 쉽고 핵심적인
내용은 '제악막작諸惡莫作 중선봉행衆善奉行 자정기의自淨其意 시제불교是諸佛敎'이다. '나쁜
일 하지 말고 좋은 일 많이 하며 스스로 마음을 잘 다스리면 이것이 깨달은 이들(붓다)의 가르침'
이라는 뜻이다. 유치원 아이들도 알아듣기 쉽게 고치면 '착하게 살자'라는 말이다.

혹시 조폭이세요?

조폭은 '차카게 살자'라고 부처님 말씀을 몸에 새겨요.
움직이는 팔만대장경입죠.

똥 묻은 헌 헝겊 주워 모아 지은 옷,
여자 노비가 입다
공동묘지에 내다버린 옷

부처님은 그런 옷을 입으셨지요.

나무 아래서
뭐하세요?

연습해요, 나도 누군가의 그늘이 되는 걸…

인간 부적

인간 부적

부적으로 말하자면
인간 부적이 일등이다.

쓸데없는 종이 쪼가리를
이마 위에 붙이지 말고
권세나 지위에 빌붙지 말고

그 사람 마음을 사서
그대 마음에 붙여 놓아라.

그녀의 뒤 꼭지

버려둔 사과가 썩어가듯이
그녀의 외로움 썩어가네.

사과 과육에 멍이 들듯이
그녀 외로움의 멍도 잦아들어
식은 커피처럼 쓸쓸해지네.

눈길 받지 못하는 그녀
하루 종일 모니터 앞에 앉아
모니터와 연애하는 그녀

남자가 그리워도 앞이 없네.
뒤 꼭지로만 존재하는 그녀
어떻게 생겼는지도 모르겠네.

잠깐이라도 만날 수 있을까요?

아침이슬과 저녁노을이
이심전심으로 만나려는데

얼마나 빨리 사라지는지
얼마나 많이 어긋나는지

그건 아주 오래 전부터
서로를 그리는 눈빛 비슷했어요.

그대와 내가 혹시
그런 사이 아닌지

자다가 꿈꾸다가
깜짝 놀라 깨곤 해요.

폐허의 사랑

- 이제 나는 사상의 가을에 부닥쳤으니
손에 삽과 쇠스랑을 들어야겠다.
무덤의 구멍처럼 홍수에 패인
물에 잠긴 이 땅을 새로이 갈기 위하여 -
보들레르, 「원수」

한때는 당신이 마냥 좋기만 해서 제 가슴에 꽃밭이 생긴 줄도 모르고 꽃집엘 갔습니다. 장미를 산다거나 백합을 바친다거나 하는 일이 당신을 위해서 아름다운 일이겠거니 하다가, 당신이 가고 난 후에야 그 꽃들이 제 가슴에서 꺾여 나간 것임을 알았습니다.

제 꽃밭의 꽃들은 가득 피어 향기 짙은데 당신은 가고 없습니다. 꽃 받아줄 이 다시없으니 향기는 홀로 묵어 깊은 병이 되었지요. 당신 떠난 그 자리, 모진 빗바람까지 오더니 큰물이 졌습니다. 집이 잠기고 살림살이가 떠내려가는 바람에 저는 아득하니 사랑의 이재민이 되고 말았지요.

그대여, 비 그친 진흙탕 펄에 서서 저는 다시 시작합니다. 내 사랑

떠내려간 자리엔 짝 잃은 수저며 아무렇게나 뒹구는 신발 그리고 빛바랜 액자 속 당신의 희미한 미소. 이런 것들만 남아 저 혼자 어루만집니다.

시여, 애매하게 희미한 그대여, 저는 다시 꽃씨를 심을 텐데요, 이번엔 많지도 적지도 않게, 가깝지도 멀지도 않게, 향기 마음 심으려 합니다.

폐허 위에
다시 더 한 번

생강

나는 오늘 내 발 끝에 세 들어 살고 있는 고통의 발가락을 보았다. 아무리 애를 써도 식솔들은 가벼워지지 않았다. 시대의 세입자들이 오그라붙어 있는 동안 나는 김이나 굴비나 대구 아가미 등속을 보면서 펄럭일 줄 모르는 족속들을 탓하고 있었다. 그러는 사이에도 내 발가락은 더욱 일그러진 얼굴로 나를 쳐다보고 있었다.

좌판 위의 생강들, 팔려 나가는 증언자들, 제 아버지의 비굴함을 부정하는 아들들이 어느 틈엔가 발가락에서 떨어져 나와 앉아 있었다. 그건 서러운 것이었다. 흙속에서 나와 내동댕이쳐진 것이었다. 내가 엉뚱하게도 잘못된 주소에서 바람을 피우는 바람에 따라 나오지 못한 저희들끼리 엉겨서 울고 있는 것이었다.

중부시장에서 나는 생각했다. 나 역시 그런 식솔들 중 하나였을 것이다. 그러나 버려진 식솔이 성장해서 또 다른 식솔을 버리고 있는 것이라고 나는 모든 아버지들을 책망하는 중이었다.

갈 길 먼 발가락들은 말하리라. 햇빛도 보지 못한 아랫녘의 뿌리들은 말하리라. 어느 숨겨진 고통이 이처럼 무거울 것인가. 펄럭일 리도 없는, 빛날 리도 없는, 증언자들은 서로 엉겨 붙은 채 밑에서 아래서, 눈도 없이 그렇게 우리를 쳐다보고 있는 것이다.

뭐가
다르겠습니까

쓰르르 찌르르
귀뚜라미가 웁니다.

가을밤 마당 한가득
울음바다를 풀어놓습니다.

처음엔 자박자박거리더니
밤새 울음 운 오늘 아침엔

제 울음소리에
무릎 빠집니다.

쓰르르 찌르르
귀도 더듬이도 다 잠깁니다.

사람이라고
뭐가 다르겠습니까.

환한 대낮을
캄캄한 밤처럼 살고

자기 울음으로
제 키마저 삼키면

고통의 바다를 홀로 낳아
스스로 문 잠그는 귀양살이입지요.

우하下又 서정태 시인
묘소에서

첼로 현이 늦은 저녁을
끌고 와서 운다.

늙은 개도
뱃가죽을 끌며 간다.

저무는 지구를 흰 천에 묶어
팽팽히 잡아당겨 볼까.

백수白壽를 코앞에 둔
아흔여덟 할아버지가

떨리는 손 글씨로
석양의 시를 쓴다.

그냥 덮어둘 일이지 *

살아서 지낸 집은
형님 집 아래 우하정又下亭

돌아가 누운 자리도
미당 형님 또 아래다.

* 서정태 시인의 시집 제목(2013)

황혼길

저무는 인생의 만성통증이
제 몸에 세 사는 저녁노을

하늘도 나이 들면
뉘엿뉘엿 아픈가봅니다.

열이 쩔쩔 끓다가
누엿누엿 몸 붉어집니다.

뉘엿뉘엿… 누엿누엿…
서산에 해 넘어가는 소리

하늘도 마지막 숨을 다해
제 치마 한 폭 끌고 갑니다.

아흔다섯 우리 엄마
마지막 치맛자락 끌고 갑니다.

뉘엿뉘엿… 누엿누엿…
뉘엿뉘엿… 누엿누엿…

저물어서 아름답고
아파서 찬란합니다.

그걸 알고
제가 미리

스님께서 말씀하시길
사는 게 참 어렵습니다.

말 많이 해도 탈
말 안 해도 탈

여러 사람 모이면
여기 따라서

이 말 저 말 여러 말들이
들썩거리겠지요.

앞발은 들고…
뒷발은 차고…

그걸 알고 제가 미리
맞받아치는 겁니다.

어쩌라구!

어쩌라구_{語齟喇狗}가 무엇입니까?

전생을 개차반으로 산 사람이 현생에 개 몸을 받아 살게 되었습니다. 몸은 비록 개라도 사람일 때의 기억이 조금은 있어서 전생 참회를 해야겠다고 결심하고선 만나는 목숨들마다 다정하게 꼬리를 쳤지요.

 그것만으로 모자란다고 생각했는지 이 개님께서는 성인 말씀을 흉내 내는 데까지 이르렀습니다. 사람 입도 성인 말씀 흉내 내려 용을 쓰면 틀어지게 마련인데 개 몸에 붙은 입으로 성인 흉내를 내려니 어디 쉽겠습니까. 턱이 두 치쯤 어긋나게 되었지요. 아무리 속성으로 전생 참회를 해도 사람들 귀엔 저 혼자 씨월렁거리는 소리로 들리니 이것이 바로 어쩌라구_{語齟喇狗}입니다.

 독자여 저는 그런 마음으로 이 시들을 썼습니다. 제 마음과 여러분 마음이 어긋나 소리가 엉뚱한 주소에서 헤맨다면 모두가 제 탓입니다.

우리는 잘못하고 뉘우치고 다시 사랑하면서 살아가지요. 우리가 잡아먹는 짐승고기와 짐승이 된 우리를 한 몸으로 살아내는 중 아니겠습니까. 소와 닭과 말과 개의 눈동자 속을 살피다가, 아무도 몰래 깨우치고는 윤회의 길로 돌아오는 보살을 이따금 만나곤 합니다. 대보살은 사람들 사이에도 있지만 축생 중에도 혹간 있습니다. * 말보다 실천이고 시보다 침묵입니다.

아득한 바닷가에 파도가 밀려왔다 밀려갔다 합니다. 숨 한 번 들이쉬고 숨 한 번 내쉽니다. 한 지옥이 밀려오면 한 극락으로 바꾸어 내보냅니다. 그래야 제 몸보다 억만 배 큰 바다를 낳습니다.

만해卍海입니다.

* 수행승들이여, 그대들이 오랜 세월 소[양, 염소, 사슴, 닭, 돼지]로 태어나 흘린 피가 큰 바닷물에 비할 바가 아니다. (…) 이 윤회는 시작을 알 수 없다. 무명에 덮인 삶은 갈애에 얽매여 유전하고 윤회하므로 최초의 시작을 알 수 없나니, 수행승들이여, 참으로 오랜 세월 그대들은 괴로움과 아픔과 허탈을 맛보면서 무덤을 키워왔다. 수행승들이여, 이제 그대들은 모든 지어진 것에서 떠나기에 충분하며 해탈하기에도 충분하다. −『쌍윳따 니까야』